CB124324

SENAC • Serviço Nacional de
Aprendizagem Comercial-DF

PRESIDENTE DO CONSELHO REGIONAL
Adelmir Santana

DIRETOR REGIONAL
Luiz Otávio da Justa Neves

EDITORA SENAC DISTRITO FEDERAL

Coordenador
Luiz Otávio da Justa Neves

Editora-chefe
Bete Bhering
(mariabh@senacdf.com.br)

Livreiro-chefe
Antonio Marcos Bernardes Neto
(marcos@senacdf.com.br)

Coordenação Editorial
Gustavo Coelho
(gustavo.souza@senacdf.com.br)

Equipe da Editora
Bete Bhering
Gustavo Coelho
Nair Ofuji
Eduarda Trivelli

EDITORA SENAC-DF
SIA Trecho 3, lotes 625/695,
Shopping Sia Center Mall - Loja 10
CEP 71200-030 - Guará-DF
Telefone: (61) 3313.8789
e-mail: editora@senacdf.com.br
home page: www.senacdf.com.br/editora

CONSELHO EDITORIAL

Membros Titulares
Antonio Marcos Bernardes Neto
Kátia Christina S. de Morais Corrêa
Lindomar Aparecida da Silva
Luiz Carlos Pires de Araújo
Helena Souza de Oliveiral

Membros Colaboradores
Eunice Nóbrega Portela
Elidiani Domingues Bassan de Lima
Heloisa Helena Almeida Borges
Moacir Boaventura Júnior
Cinara Gomes de Oliveira

NESTA EDIÇÃO

Texto
Lionel Ortega

Revisão textual
Bete Bhering

Capa
Eduarda Trivelli e Gustavo Coelho

Projeto gráfico
Eduarda Trivelli e Gustavo Coelho

Diagramação
Eduarda Trivelli

Fotogragfia
Sueli Estrela
Banco de imagens (Thinkstock)

Revisão de prova
Nair Ofuji

Copyright © by Lionel Ortega
Todos os direitos desta edição
reservados à Editora Senac-DF.
Editora Senac Distrito Federal, 2016.

Ficha Catalográfica

O77q

Ortega, Lionel. Quiches / Lionel Ortega – Brasília: Editora Senac-DF, 2016
96p.; 19,2 x 22 cm
ISBN: 978-85-62564-56-7
1. Receitas. 2. Gastronomia. I.Título

CDU 641

Quiches

Lionel Ortega

Brasília, 2016

FARINE
poids net

FARINE

Apresentação

Um livro planejado para você descobrir o prazer de preparar quiches deliciosas, sem dificuldade. Em todas as receitas você encontrará a lista completa de ingredientes, o tempo de preparo, a relação custo-benifício e o modo de preparo, explicado passo a passo. Belíssimas fotografias em cores e breve história da quiche completam este livro do chef Lionel Ortega, que também é autor da obra "Crèmes Brûlées", publicado pela Editora Senac-DF.

Adelmir Santana
Presidente do Conselho Regional do Senac-DF

10kg

Sumário

Introdução

Da mais pura tradição francesa, as quiches fazem parte da gastronomia, sendo a famosa quiche Lorraine a primeira a ser criada.

As quiches salgadas caracterizam-se por sua versatilidade, com a vantagem de deixar espaço para a nossa imaginação. As receitas vão ao infinito, de acordo com os nossos gostos e desejos.

Neste livro apresentamos algumas ideias para a elaboração de várias quiches salgadas.

A quiche Lorraine é sempre muito popular na mesa. Quiche com legumes como, por exemplo, quiche com alho-poró, abobrinha, tomate, cebola... são bem-vindas na nossa refeição. Você pode criar associações originais para surpreender seus convidados. Por exemplo, quiche tartiflette (prato específico de montanhas francesas), ou simplesmente chouriço, bolognese ou cebolas carameladas.

O livro de receitas "Quiches" mostra a criatividade do chef Lionel Ortega, que criou especialmente algumas receitas para promover a gastronomia francesa no Brasil, usando ingredientes brasileiros.

Bon appétit!

Utensílios de Fabricação

Para o sucesso da preparação de sua quiche, é necessário reunir materiais básicos como: uma balança, formas, uma panela, uma tigela, rolo para massa, uma espátula de madeira.

Para assar, é possível a utilização de formas de diferentes tamanhos. O tempo de cozimento vai depender do tamanho da quiche.

Dicas gastronômicas para o sucesso de sua quiche:

Para receber muitos elogios no momento da degustação de suas quiches, saiba que algumas dicas gastronômicas devem ser consideradas, tais como:

- Não trabalhe muito a massa, caso contrário, ela vai se tornar elástica.
- Colocar sempre a massa na geladeira por 10 minutos. Uma massa quente vai derreter.
- O tempo de repouso após o cozimento é importante. Esperar 20 minutos, mais ou menos, antes de tirar a quiche da forma vai evitar que ela se quebre.
- O tempo de cozimento da quiche dependerá do tamanho da forma. Para saber se está no ponto de cozimento, você deve balançar ligeiramente a forma; o centro da quiche não pode estar líquido e o queijo precisa estar bem gratinado.
- Para o cozimento da massa, você não pode assar muito. A massa precisa estar branca antes de colocar as guarnições.
- Sobras: a massa que sobra pode ser reutilizada na elaboração de outra quiche, desde que se retire o excesso de farinha.

Algumas dicas sobre os produtos mencionados neste livro

As lojas estão cheias de frutas, legumes, especiarias e muitos outros produtos de qualidade. Por isso, não hesite em pedir conselhos aos vendedores, açougueiros, peixeiros de sua região para obter o melhor produto. Caso você deseje, pode fazer sua quiche em uma versão light, substituindo alguns dos produtos citados por outros produtos menos gordurosos, como:

- Leite de soja, que contém menos gordura e pode substituir o leite desnatado ou semidesnatado utilizado nas receitas.
- Para o creme, utilize creme de leite que contenha de 12 a 15% de gordura.
- Os legumes podem ser substituídos por produtos orgânicos.

A escolha é sua!

A massa

A massa quebrada "pâte brisée" é usada principalmente para quiches, flans, tortas etc.. Deve ser pré-cozida, sendo que o tempo do pré-cozimento vai depender do tamanho da forma. Existem muitas receitas para a massa quebrada, mas este livro oferece uma das melhores receitas tradicionais do chef francês Lionel Ortega.

INGREDIENTES

250 g de farinha de trigo
1 boa pitada de sal
125 g de manteiga sem sal, amolecida
1 gema de ovo
50 ml de água

PREPARO

Em uma tigela, coloque 220 g da farinha de trigo e uma grande pitada de sal e o ovo. A manteiga deve ser adicionada em pedaços muito pequenos. Com a ponta dos dedos, desintegrar rapidamente a mistura para obter uma consistência de areia. Acrescente lentamente a metade de um copo de água, mexendo rapidamente para ligar a massa.
Não sove muito a massa (para não torná-la elástica); forme uma bola com as mãos. Deixe a massa descansar na geladeira por 10 minutos.
Na bancada previamente enfarinhada, enrole a massa e esmague com a palma da mão os pedaços de manteiga restantes. Com o rolo de macarrão previamente enfarinhado, reduza a massa para um centímetro de espessura e coloque dentro da forma escolhida. Com as pontas dos dedos, modele a massa em função da forma, apertando com as pontas dos dedos. Fure o fundo da massa com um garfo. Deixe descansar durante mais 15 minutos na geladeira antes de assar no forno já aquecido. Sua massa de quiche está pronta!

Serve de 4 a 5 pessoas.

Quiches

Quiche de calabresa

$ $ $ / • • •

PREPARAÇÃO	COZIMENTO	DESCANSO
25 minutos	40 minutos	20 minutos

INGREDIENTES

300 ml de creme de leite
15 ml de leite
2 ovos
150g de queijo parmesão
70g de linguiça calabresa
1 cebola
1 colher de sopa de açúcar refinado
1 colher a sopa de azeite
Sal e pimenta.

PREPARO

Espalhe a massa (ver receita na página 17), na forma e, em seguida, deixe na geladeira por 10 minutos. Depois que a massa estiver pronta (ver receita na página 7), espalhe-a na forma e, em seguida, deixe na geladeira por 10 minutos. Pique com um garfo e leve para pré-assar em forno quente a 220 ° C por 5 a 10 minutos Pique a cebola, cozinhe em uma panela com azeite, durante 5 minutos. Em seguida, reduza o fogo e adicione o açúcar. Tire a pele e corte a calabresa em pedaços pequenos, adicione à mistura na panela, e deixe cozinhar por 10 minutos em fogo médio. Coloque o recheio na massa pré-cozida. Bata os ovos com o creme de leite, leite, sal e pimenta e coloque a mistura sobre o recheio. Rale o queijo e polvilhe a quiche. Leve para assar

COZIMENTO

Aqueça o forno durante 5 minutos a 230 graus. Leve a quiche ao forno por cerca de 40 minutos, a 220 graus, (gás na marca 7). Observe a quiche durante o cozimento.

DICAS

Muito cuidado no momento da caramelização da cebola, pois ela pode queimar rapidamente e tornar a preparação amarga.
Corte a quiche em cubos pequenos para acompanhar um aperitivo com os amigos

Quiche Lorraine

$ $ $ / • • •

PREPARAÇÃO	COZIMENTO	DESCANSO
30 minutos	40 minutos	20 minutos

INGREDIENTES

400 ml de creme de leite
150 ml de leite
150g de queijo mussarela
2 ovos
100g de bacon
1 cebola
1 colher de sopa de açúcar refinado
1 colher de sopa de azeite
Sal e pimenta

PREPARO

Espalhe a massa (ver receita na página 17) na forma e, em seguida, deixe na geladeira por 10 minutos. Pique com um garfo e pré-asse em forno quente a 220 ° C por 5 a 10 minutos. Pique a cebola, e cozinhe numa panela com azeite, durante 5 minutos, em seguida, reduza o fogo e adicione o açúcar. Corte o bacon em pedaços pequenos e adicione-o à mistura na panela, cozinhe por 10 minutos em fogo médio. Coloque o recheio na massa pré-cozida. Bata os ovos com o creme de leite, leite, sal e pimenta, em seguida, coloque a mistura sobre o recheio. Rale o queijo e polvilhe sobre a quiche. Coloque para assar

COZIMENTO

Aqueça o forno durante 5 minutos a 230 graus. Leve a quiche ao forno por cerca de 30 minutos, a 220 graus, (gás na marca 7). Observe a quiche durante o cozimento.

DICAS

Sempre esperar 20 minutos antes de retirar a quiche da forma.

Acompanhada de uma salada verde, essa quiche será uma excelente entrada para a sua refeição.

Quiche alho-poró e castanha do Pará

$ $ $ / • • •

PREPARAÇÃO	COZIMENTO	DESCANSO
30 minutos	30 minutos	20 minutos

INGREDIENTES

400 ml de creme de leite
150 ml de leite
150 g de queijo
2 ovos
1 alho-poró
25 g de castanha do Pará
1 cebola
1 colher de sopa de açúcar refinado
1 colher a sopa de azeite
Sal e pimenta

PREPARO

Espalhe a massa (Ver receita na página 17.) na forma e, em seguida, deixe na geladeira por 10 minutos. Pique com um garfo e pré-asse em forno quente a 220 ° C por 5 a 10 minutos. Pique a cebola e cozinhe em uma panela com azeite, por 5 minutos; em seguida, reduza o fogo e adicione o açúcar. Pique o alho-poró em julienne, lave e cozinhe na água salgada durante 5 minutos. Coloque o recheio na massa pré-cozida. Bata os ovos com o creme de leite, leite, sal e pimenta, em seguida, coloque a mistura sobre o recheio. Rale o queijo e polvilhe sobre a quiche. Coloque para assar

COZIMENTO

Aqueça o forno durante 5 minutos a 230 graus. Leve a quiche ao forno por cerca de 30 minutos, a 220 graus (gás na marca 7). Observe a quiche durante o cozimento.

DICAS

A massa precisa estar branca antes de colocar as guarnições. Não se deve deixár que fique muito assada.

Deliciosa quiche para um piquenique com os amigos.

Quiche de cebolas caramelizadas

$ $ $ / • • •

PREPARAÇÃO	COZIMENTO	DESCANSO
35 minutos	30 minutos	20 minutos

INGREDIENTES

300 ml creme de leite
150 ml leite
150 g queijo
2 ovos
2 cebolas
1 colheres de sopa de açúcar refinado
2 colheres a sopa de azeite
Sal e pimenta.

PREPARO

Espalhe a massa (ver receita na página 17) na forma e, em seguida, deixe na geladeira por 10 minutos. Pique com um garfo e pré-asse em forno quente a 220 ° C por 5 a 10 minutos. Pique as cebolas e leve para cozinhar em uma panela com azeite, por 5 a 10 minutos; em seguida, reduza o fogo e adicione o açúcar. Deixe caramelizar durante 5 a 10 minutos. Coloque o recheio na massa pré-cozida. Bata os ovos com o creme de leite, leite, sal e pimenta, em seguida, coloque a mistura sobre o recheio. Rale o queijo e polvilhe a quiche. Coloque para assar.

COZIMENTO

Aqueça o forno durante 5 minutos a 230 graus. Leve a quiche ao forno por cerca de 30 minutos, a 220 graus, (gás na marca 7). Observe a quiche durante o cozimento.

DICAS

Se sua massa ficar muito grossa, vai demorar a cozinhar e não vai ficar tão saborosa

Pode-se adicionar à massa algumas ervas frescas para realçar o sabor.

Quiche de aspargos verdes e parmesão

$ $ $ / ● ● ●

PREPARAÇÃO	COZIMENTO	DESCANSO
35 minutos	30 minutos	20 minutos

INGREDIENTES

300 ml creme de leite
150 ml leite
80 g de parmesão
2 ovos
1 cebola
1/2 maço de aspargos verdes
1 colher de sopa de açúcar refinado
2 colheres de sopa de azeite
Sal e pimenta.

PREPARO

Espalhe a massa (ver receita na página 17) na forma e, em seguida, deixe na geladeira por 10 minutos. Pique com um garfo e pré-asse em forno quente a 220 ° C por 5 a 10 minutos. Pique a cebola, cozinhe em uma panela com azeite por 5 minutos; em seguida, reduza o fogo e adicione o açúcar. Deixe caramelizar durante 5 minutos. Retire a pele dos aspargos, corte e leve para cozinhar por 5 minutos em água quente salgada. Deixe esfriar por alguns minutos, colocando-os imediatamente em água com gelo. Corte os aspargos e coloque os recheios na massa pré-cozida. Bata os ovos com o creme de leite, leite, sal e pimenta, em seguida, coloque a mistura sobre o recheio. Polvilhe o parmesão sobre a quiche.

COZIMENTO

Aqueça o forno durante 5 minutos a 230 graus. Leve a quiche ao forno por cerca de 30 minutos, a 220 graus, (gás na marca 7). Observe a quiche durante o cozimento.

DICAS

Retire a manteiga da geladeira 30 minutos antes de preparar a massa

Colocar um pouco de rúcula sobre a quiche quente antes de servir.

Quiche de salmão, espinafre e caju

$$$ / •••

PREPARAÇÃO	COZIMENTO	DESCANSO
40 minutos	30 minutos	20 minutos

INGREDIENTES

300 ml de creme de leite
150 ml de leite
150 g de queijo parmesão
2 ovos
1 cebola
150 g de salmão
20 g de espinafre
20 g de castanha de caju
1 colher de sopa de açúcar refinado
2 colheres de sopa de azeite
Sal e pimenta.

PREPARO

Espalhe a massa (ver receita na página 17) na forma e, em seguida, deixe na geladeira por 10 minutos. Pique com um garfo e pré-asse em forno quente a 220 ° C por 5 a 10 minutos. Pique a cebola, cozinhe em uma panela com azeite por 5 minutos; em seguida, reduza o fogo e adicione o açúcar. Deixe caramelizar durante 5 minutos. Corte o salmão (sem pele) em cubinhos e adicione à cebola. Deixe cozinhar por 5 minutos em fogo médio. Retire a casca dos talos do espinafre, lave , corte e adicione à preparação, deixando cozinhar por 5 minutos em fogo forte. Coloque esse recheio na massa pré-cozida. Bata os ovos com o creme de leite, leite, sal e pimenta, em seguida, coloque a mistura sobre o recheio. Rale o queijo e polvilhe sobre a quiche. Asse.

COZIMENTO

Aqueça o forno durante 5 minutos a 230 graus. Leve a quiche ao forno por cerca de 30 minutos, a 220 graus, (gás na marca 7). Observe a quiche durante o cozimento.

DICAS

Quiche pode ser degustada quente ou fria.

Quiche tradicional ou criativa? A escolha é sua!

Adicione algumas babatas *sautées* com um molho *béarnaise* e algumas folhas.

Quiche de queijo minas e mel

$$$ / ●●●

PREPARAÇÃO	COZIMENTO	DESCANSO
20 minutos	30 minutos	20 minutos

INGREDIENTES

300 ml de creme de leite
150 ml de leite
100 g de queijo de minas
2 ovos
1 cebola
40 g de mel
1 colher de sopa de açúcar refinado
2 colheres de sopa de azeite
Sal e pimenta.

PREPARO

Espalhe a massa (ver receita na página 17) na forma e, em seguida, deixe na geladeira por 10 minutos. Pique com um garfo e pré-asse em forno quente a 220 ° C por 5 a 10 minutos. Pique a cebola, cozinhe em uma panela com azeite por 5 minutos; em seguida, reduza o fogo e adicione o açúcar. Deixe caramelizar durante 5 minutos. Aqueça o leite para derreter o mel, corte o queijo em cubinhos e coloque na massa pré-cozida. Resfrie o leite, adicione o creme de leite, ovos e sal e pimenta e adicione à guarnição. Rale o queijo e polvilhe sobre a quiche.

COZIMENTO

Aqueça o forno durante 5 minutos a 230 graus. Leve a quiche ao forno por cerca de 30 minutos, a 220 graus, (gás na marca 7). Observe a quiche durante o cozimento.

DICAS

Nada como uma quiche para aguçar o apetite, proporcionar uma refeição completa ou decorar um piquenique

Acompanhar esta deliciosa quiche com uma salada verde com nozes.

Quiche de camarão, parmesão e manjericão

$$$/ •••

PREPARAÇÃO	COZIMENTO	DESCANSO
30 minutos	30 minutos	20 minutos

INGREDIENTES

300 ml de creme de leite
150 ml de leite
100 g de camarão
80 g de parmesão
2 ovos
1 cebola
2 dentes de alho
¼ maço de manjericão
1 colher de sopa de açúcar refinado
2 colheres a sopa de azeite
Sal e pimenta.

PREPARO

Espalhe a massa (ver receita na página 17) na forma e, em seguida, deixe na geladeira por 10 minutos. Pique com um garfo e pré-asse em forno quente a 220 ° C por 5 a 10 minutos. Pique a cebola, cozinhe em uma panela com azeite por 5 minutos; em seguida, reduza o fogo e adicione o açúcar. Deixe caramelizar durante 5 minutos. Descasque o camarão e cozinhe com azeite numa frigideira, durante alguns minutos. Junte o alho picado e a cebola caramelizada. Pique o manjericão, adicione na preparação e cozinhe tudo junto durante 5 minutos em fogo forte. Coloque o recheio na massa pré-cozida. Adicione a mistura do leite, creme de leite, ovos e sal e pimenta.Rale o queijo e polvilhe sobre a quiche. Asse.

COZIMENTO

Aqueça o forno durante 5 minutos a 230 graus. Leve a quiche ao forno por cerca de 30 minutos, a 220 graus, (gás na marca 7). Observe a quiche durante o cozimento.

DICAS

A diferença entre uma torta e uma quiche é a presença de um "*migaine*" (mistura de ovos e creme de leite) adicionado para preparar a quiche para dar-lhe uma textura mais macia.

Acompanhar esta quiche com uma salada e torradas de alho.

Quiche de tomate cereja e mussarela de búfala

$$$ / ●●●

PREPARAÇÃO	COZIMENTO	DESCANSO
25 minutos	30 minutos	20 minutos

INGREDIENTES

300 ml de creme de leite
150 ml de leite
150 g de mussarela de búfala
½ caixinha de tomate cereja
2 ovos
1 cebola
¼ maço de manjericão
1 colher de sopa de açúcar refinado
2 colheres a sopa de azeite
Sal e pimenta.

PREPARO

Espalhe a massa (ver receita na página 17) na forma e, em seguida, deixe na geladeira por 10 minutos. Pique com um garfo e pré-asse em forno quente a 220 ° C por 5 a 10 minutos. Pique a cebola, cozinhe em uma panela com azeite por 5 minutos; em seguida, reduza o fogo e adicione o açúcar. Deixe caramelizar durante 5 minutos. Corte os tomates em pedaços e a mussarela de búfala, pique o manjericão e adicone tudo na preparação. Deixe cozinhar com um pouco de azeite durante alguns minutos com sal e pimenta. Coloque o recheio na massa pré-cozida. Adicione a mistura do leite, creme de leite, ovos e sal e pimenta.Rale o queijo e polvilhe sobre a quiche. Asse.

COZIMENTO

Aqueça o forno durante 5 minutos a 230 graus. Leve a quiche ao forno por cerca de 30 minutos, a 220 graus, (gás na marca 7). Observe a quiche durante o cozimento.

DICAS

Leite de soja, que contém menos gordura, pode substituir o leite desnatado ou semidesnatado utilizado nas receitas.

Marinar os tomates cereja com azeite aromatizado com manjericão vai dar um sabor mais perfumado. Experimente!

25 763

Quiche tartiflette

$$$ / ●●●

PREPARAÇÃO	COZIMENTO	DESCANSO
45 minutos	30 minutos	20 minutos

INGREDIENTES

300 ml creme de leite
150 ml leite
150 g de mussarela
60 g de bacon
60 g de batatas
2 ovos
1 cebola
1 colher de sopa de açúcar refinado
2 colheres a sopa de azeite
Sal e pimenta.

PREPARO

Espalhe a massa (ver receita na página 17) na forma e, em seguida, deixe na geladeira por 10 minutos. Pique com um garfo e leve para pré-assar em forno quente a 220 ° C por 5 a 10 minutos. Pique a cebola, cozinhe em uma panela com azeite, por 5 minutos, em seguida, reduza o fogo e adicione o açúcar. Deixe caramelizar durante 5 minutos. Corte em cubinhos o bacon e cozinhe na panela, retire a pele das batatas e corte em cubinhos, cozinhe em água quente salgada. Acrescente as batatas cozidas e o bacon às cebolas caramelizadas e bacon e cozinhe durante 10 minutos a fogo medio. Coloque o recheio na massa pré-cozida. Adicione a mistura do leite, creme de leite, ovos e sal e pimenta.Rale o queijo e polvilhe sobre a quiche. Asse.

COZIMENTO

Aqueça o forno durante 5 minutos a 230 graus. Leve a quiche ao forno por cerca de 30 minutos, a 220 graus, (gás na marca 7). Observe a quiche durante o cozimento.

DICAS

O tempo de cozimento da quiche dependerá do tamanho da forma. Para saber se está no ponto de cozimento, você deve balançar ligeiramente a forma; o centro da quiche não pode estar líquido e o queijo precisa estar bem gratinado.

Acompanhada de uma salada verde essa quiche pode substitir uma refeição.

Quiche basquaise

$ $ $ / • • •

PREPARAÇÃO	COZIMENTO	DESCANSO
45 minutos	30 minutos	20 minutos

INGREDIENTES

300 ml de creme de leite
150 ml de leite
150 g de mussarela
150 g de frango
1 pimentão vermelho
2 ovos
1 cebola
1 colher de sopa de açúcar refinado
2 colheres a sopa de azeite
1 colher de café de extrato de tomate
Sal e pimenta.

PREPARO

Espalhe a massa (ver receita na página 17) na forma e, em seguida, deixe na geladeira por 10 minutos. Pique com um garfo e leve para pré-assar em forno quente a 220 ° C por 5 a 10 minutos. Pique a cebola, cozinhe em uma panela com azeite, por 5 minutos; em seguida, reduza o fogo e adicione o açúcar. Deixar caramelizar durante 5 minutos. Limpe e corte o pimentão em cubos pequenos. Adicione a pimenta com as cebolas, cozinhe por 5 minutos. Corte o frango em cubinhos e adicione na preparação; adicione o extrato de tomate e deixe cozinhar em fogo baixo durante 15 minutos. Deixe secar a mistura e coloque o recheio na massa pré-cozida. Adicione a mistura do leite, creme de leite, ovos e sal e pimenta.Rale o queijo e polvilhe sobre a quiche. Asse.

COZIMENTO

Aqueça o forno durante 5 minutos a 230 graus. Leve a quiche ao forno por cerca de 30 minutos, a 220 graus, (gás na marca 7). Observe a quiche durante o cozimento.

DICAS

Pique o fundo da massa antes do pré-cozimento para não formar bolhas de ar e fazer a massa crescer.

Retire as partes brancas do pimentão para não dar um sabor amargo à receita.

Quiche 3 queijos

$ $ $ / • • •

PREPARAÇÃO	COZIMENTO	DESCANSO
35 minutos	30 minutos	20 minutos

INGREDIENTES

300 ml de creme de leite
150 ml de leite
100 g de mussarela
50 g de queijo de cabra
100 g de queijo cheddar
2 ovos
Sal e pimenta

PREPARO

Espalhe a massa (Ver receita na página 17) na forma e deixe na geladeira por 10 minutos. Pique com um garfo e leve para pré-assar em forno quente a 220 ° C por 5 a 10 minutos. Corte o queijo de cabra e o queijo cheddar em cubinhos e coloque na massa. Misture o leite, creme de leite, ovos e sal e pimenta. Adicione os queijos cortados na massa, adicione os dois queijos em cubinhos. Rale o último queijo e polvilhe sobre a quiche. Coloque para assar.

COZIMENTO

Aqueça o forno durante 5 minutos a 230 graus. Leve a quiche ao forno por cerca de 30 minutos, a 220 graus, (gás na marca 7). Observe a quiche durante o cozimento.

DICAS

O alho se acomoda muito bem com os queijos. Portanto, uma salada de alho para acompanhar seria um delicia.

Excelente acompanhamento para um aperitivo com os amigos.

Quiche de frango, alho e curry

$$$ / ●●●

PREPARAÇÃO	COZIMENTO	DESCANSO
35 minutos	30 minutos	20 minutos

INGREDIENTES

300 ml de creme de leite
150 ml de leite
150 g de mussarela
150 g de frango
2 ovos
1 cebola
2 colheres de sopa de óleo de cozinha
2 dentes de alho
1 colher a sopa de açúcar
1 pitada de curry
Sal e pimenta

PREPARO

Espalhe a massa (ver receita na página 17.) na forma e, em seguida, deixe na geladeira por 10 minutos. Pique com um garfo e leve para pré-assar em forno quente a 220 ° C por 5 a 10 minutos. Pique a cebola, cozinhe em uma panela com azeite, por 5 minutos; em seguida, reduza o fogo e adicione o açúcar. Deixar caramelizar durante 5 minutos. Corte o frango em cubinhos e coloque na frigideira, adicione o óleo e deixe cozinhar algums minutos. Pique o alho e adicione na mistura, deixe cozinhar novamente de 5 a 10 minutos. Misture juntos o leite, creme de leite, ovos, sal, pimenta e curry. Recheie com a guarnição e adicione a mistura leite, creme de leite e ovos. Rale o queijo e polvilhe sobre a quiche. Asse.

COZIMENTO

Aqueça o forno durante 5 minutos a 230 graus. Leve a quiche ao forno por cerca de 30 minutos, a 220 graus, (gás na marca 7). Observe a quiche durante o cozimento.

DICAS

Resfriar a massa na geladeira por 15 minutos, mais o menos, até endurecer um pouco, para evitar que as bordas caiam para o meio quando a massa estiver no forno.

Bem caramelizado o queijo vai criar uma deliciosa crosta na sua quiche.

Quiche bolonhesa

$ $ $ / ● ● ●

PREPARAÇÃO	COZIMENTO	DESCANSO
30 minutos	30 minutos	20 minutos

INGREDIENTES

300 ml de creme de leite
150 ml de leite
150 g de mussarela
150 g de carne moída
2 ovos
1 cebola
1 colher de sopa de açúcar refinado
2 colheres de sopa de azeite
1 colher de café de extrato de tomate
Sal e pimenta

PREPARO

Espalhe a massa (ver receita na página 17) na forma e, em seguida, deixe na geladeira por 10 minutos. Pique com um garfo e leve para pré-assar em forno quente a 220 ° C por 5 a 10 minutos. Pique a cebola, cozinhe em uma panela com azeite, por 5 minutos, em seguida, reduza o fogo e adicione o açúcar. Deixe caramelizar durante 5 minutos. Adicione a carne moída e deixe cozinhar durante alguns minutos. Coloque a guarnição dentro da massa e adicione a mistura do creme de leite, leite, ovos, extrato de tomate, sal e pimenta.Rale o queijo e polvilhe sobre a quiche. Asse.

COZIMENTO

Aqueça o forno durante 5 minutos a 230 graus. Leve a quiche ao forno por cerca de 30 minutos, a 220 graus, (gás na marca 7). Observe a quiche durante o cozimento.

DICAS

É preciso pré-cozinhar a massa. Se não fizer isso a massa ficará crua por dentro e menos saborosa.

Excelente quiche para uma festa de crianças.

Quiche de champignon e bacon

$ $ $ / • • •

PREPARAÇÃO	COZIMENTO	DESCANSO
30 minutos	30 minutos	20 minutos

INGREDIENTES

300 ml de creme de leite
150 ml de leite
150 g de mussarela
80 g de champignon
50 g de bacon
2 ovos
1 cebola
1 colher de sopa de açúcar refinado
2 colheres de sopa de azeite
Sal e pimenta.

PREPARO

Espalhe a massa (ver receita na página 17) na forma e, em seguida, deixe na geladeira por 10 minutos. Pique com um garfo e leve para pré-assar em forno quente a 220 ° C por 5 a 10 minutos. Pique a cebola, cozinhe em uma panela com azeite, por 5 minutos; em seguida, reduza o fogo e adicione o açúcar. Deixar caramelizar durante 5 minutos. Corte, limpe os champignons e adicione à cebola; deixe cozinhar durante algums minutos e depois adicione o bacon jà cortado em cubinhos. Deixe cozinhar novamente durante 5 minutos em fogo forte. Misture o leite, creme de leite, ovos, sal e pimenta e adicione à guarnição dentro da massa. Rale o queijo e polvilhe sobre a quiche. Asse.

COZIMENTO

Aqueça o forno durante 5 minutos a 230 graus. Leve a quiche ao forno por cerca de 30 minutos, a 220 graus, (gás na marca 7). Observe a quiche durante o cozimento.

DICAS

O tempo de cozimento vai depender do tamanho da quiche.

Você pode adicionar nozes picadas sobre a quiche antes de assar.

Quiche de tilápia e couve

$$$ / ●●●

PREPARAÇÃO	COZIMENTO	DESCANSO
30 minutos	30 minutos	20 minutos

INGREDIENTES

300 ml de creme de leite
150 ml de leite
150 g de mussarela
150 g de tilápia
3 folhas grandes de couve
2 ovos
1 cebola
1 colher de sopa de açúcar refinado
2 colheres de sopa de azeite
Sal e pimenta.

PREPARO

Espalhe a massa (ver receita na página 17) na forma e, em seguida, deixe na geladeira por 10 minutos. Pique com um garfo e leve para pré-assar em forno quente a 220 ° C por 5 a 10 minutos. Pique a cebola, cozinhe em uma panela com azeite, por 5 minutos; em seguida, reduza o fogo e adicione o açúcar. Deixar caramelizar durante 5 minutos. Cortar a tilápia em pequenos pedaços iguais, adicionar à cebola e cozinhar por alguns minutos em fogo alto. Pique finamente a couve, adicione dentro da preparação e deixe cozinhar durante alguns minutos. Misturar o creme de leite, leite, ovos, sal e pimenta. Depositar as guarnições dentro da quiche pré-assada e adicionar a mistura de leite. Rale o queijo e polvilhe sobre a quiche. Asse.

COZIMENTO

Aqueça o forno durante 5 minutos a 230 graus. Leve a quiche ao forno por cerca de 30 minutos, a 220 graus, (gás na marca 7). Observe a quiche durante o cozimento.

DICAS

Você pode escalfar o peixe dentro de uma água perfumada com açafrão, limão etc.

Uma quiche de peixe vai trazer sabor e originalidade ao seu almoço ou jantar.

Quiche à la Provençale

$ $ $ / • • •

PREPARAÇÃO	COZIMENTO	DESCANSO
25 minutos	30 minutos	20 minutos

INGREDIENTES

300 ml de creme de leite
150 ml de leite
150 g de mussarela
2 ovos
2 cebolas
100 g de abobrinha
2 dentes de alho
1 colher de sopa de açúcar refinado
2 colheres de sopa de azeite
1 caixinha de tomate cereja
Sal e pimenta.

PREPARO

Espalhe a massa (ver receita na página 17) na forma e, em seguida, deixe na geladeira por 10 minutos. Pique com um garfo e leve para pré-assar em forno quente a 220 ° C por 5 a 10 minutos. Pique a cebola, cozinhe em uma panela com azeite, por 5 minutos, em seguida, reduza o fogo e adicione o açúcar. Deixe caramelizar durante 5 minutos. Lavar e cortar a abobrinha em cubos pequenos, adicionar à panela com a cebola e cozinhar por alguns minutos. Lavar e cortar os tomates cereja e adicionar na preparação,cozinhar por 5 minutos em fogo alto, esmagar o alho fresco e deixar cozinhar tudo em fogo médio por 10 minutos. Misturar o creme de leite, leite, ovos, sal, pimenta. Rechear a massa com a guarnição e adicionar a mistura de leite. Rale o queijo e polvilhe sobre a quiche. Asse.

COZIMENTO

Aqueça o forno durante 5 minutos a 230 graus. Leve a quiche ao forno por cerca de 30 minutos, a 220 graus, (gás na marca 7). Observe a quiche durante o cozimento.

DICAS

Para acompanhar esta quiche prepare um vinagrete de pimentões vermelhos.

Excelente quiche para uma festa de crianças.

Currículo

Lionel Ortega é um chef de cozinha francês, originário de Aix-en-Provence (cidade do sul da França) que possui diplomas nas áreas de arte culinária, mesa e serviço. Já trabalhou nos melhores endereços da Europa, inclusive foi subchefe na embaixada da França, em Londres, e chef exclusivo de uma família na Inglaterra.

Em Brasília, é sócio da Cultura Francesa e trabalha com menus personalizados para recepções privadas. Além disso, ele oferece aulas de gastronomia francesa e organiza, uma vez por ano, uma viagem gastronômica à região francesa da Provence, terra de campos de lavanda, de descanso e, sobretudo de boa mesa.

Mais informações: www.gastronomiaculturafrancesa.com

Tipografia	LeckerliOne Franklin Gothic Bodoni
Papel	Couche 120 g/m²
Impressão	Offset